D1722474

Bischof Marian Eleganti

Weihnachten, wie es wirklich war

Ein Weihnachtsbuch in 25 historischen Szenen für die
ganze Familie

1. Auflage Oktober 2023
Copyright © 2023 Bischof Marian Eleganti und 3Burgen

Der Autor wird vertreten durch:
3Burgen c/o Wagner Medien Ltd
Tepeleniou 13
Tepelenio Court 2nd floor
8010 Paphos
Zypern

Alle Rechte vorbehalten.

Umschlaggestaltung: 3Burgen
Foto Rückseite: Daniel Schreiner

Illustrationen: Thaddeus Passierb

Verantwortlich für den Druck: Amazon Distribution GmbH, Leipzig

ISBN: 978-9925-7928-3-2

Das Werk, einschließlich seiner Teile, ist urheberrechtlich geschützt. Jede Verwertung ist ohne Zustimmung des Herausgebers und des Autors unzulässig. Dies gilt insbesondere für die elektronische oder sonstige Vervielfältigung, Übersetzung, Verbreitung und öffentliche Zugänglichmachung.

Dieses Buch ist auch als Taschenbuch erhältlich.
ISBN: 978-9925-7928-2-5

Bischof Marian Eleganti

WEIHNACHTEN,
WIE ES WIRKLICH WAR

Ein Weihnachtsbuch in 25 historischen Szenen für die ganze Familie

Copyright © 2023 Bischof Marian Eleganti und 3Burgen/Wagner Medien Ltd
Alle Rechte vorbehalten.
978-9925-7928-3-2

Inhalt

Vorwort   6

1. Ohne Jesus Christus gibt es kein Weihnachten   10

2. Im Advent warten wir auf den Erlöser   13

3. Ein helles Licht   16

4. Vom wahren Heiligen Nikolaus   18

5. „Für Gott ist nichts unmöglich!"   20

6. Jesus und sein Pflegevater   23

7. Weihnachten – das fest der Freude   24

8. Zacharias zweifelt an den Worten des Engels   25

9. „Das ist mein geliebter Sohn!"   28

10. Maria besucht Elisabeth   30

11. Der geheime Plan des Königs Herodes   34

12. David gegen Goliath   36

13. Maria und Joseph suchen Schutz in einer Grotte   38

14. Jesu Geburt in der Heiligen Nacht   39

15. Die Botschaft der Engel   42

16. „Ich verkünde Euch eine große Freude!"   43

17. Das himmlische Heer der Engel   46

18. Gold, Weihrauch und Myrrhe   48

19. Die drei Weisen kommen zu Jesus   50

20. Herodes ermordet die Kinder in Bethlehem   54

21. Die Heilige Familie flieht nach Ägypten   58

22. Die Prophezeiungen im Tempel von Jerusalem   62

23. „Kann aus Nazareth etwas Gutes kommen?"   66

24. Durch seine Wunden werden wir geheilt."   68

25. EHRE SEI GOTT IN DER HÖHE   70

VORWORT

WEIHNACHTEN – bei wem werden da nicht Erinnerungen wach, warme, schimmernde, heimelige und auch wehmütige? Die Dunkelheit, das Licht, das in der Finsternis leuchtet, der immergrüne Tannenbaum, die Geschenke unter dem Baum, schön eingepackt, die Feiernden festlich gekleidet, das besondere Essen. Selbst jene, die nur noch von ferne ahnen, da war doch mal was, da gab's doch mal ein Kind, das in einer Krippe geboren wurde, ein Kind namens Jesus, feiern noch Weihnachten; sie können sich der „Stillen Nacht", die in den Kaufhäusern aus den Lautsprechern tönt, nicht entziehen.

Bischof Marian will die zunehmend entleerten Bräuche wieder mit Inhalt füllen. Er kümmert sich um die Kinder und gibt den Familien ein Buch in die Hand, in dem sie erfahren, „wie es wirklich war". Da ist wirklich etwas ganz Außerordentliches, Einmaliges, Wunderbares geschehen: In dem kleinen Städtchen Bethlehem wurde vor zweitausend Jahren ein Kind geboren, auf ganz unerklärliche Weise von einer Jungfrau; Engel erschienen den Hirten auf dem Feld und verkündeten allen Menschen große Freude; drei Könige kamen von weit her und brachten dem Kind Geschenke, weil sie einen Stern hatten aufgehen sehen; und der böse König Herodes fürchtete um seine Macht und ließ alle kleinen Kinder in der Gegend von Bethlehem umbringen. Aber Joseph war von einem Engel im Traum gewarnt worden und sogleich mit Maria und dem Kind nach Ägypten geflohen...

Die ganze wunderbare, wahre Geschichte erzählt Bischof Marian in fünfundzwanzig Szenen. Er streut Samen des Glaubens in die Herzen der Kinder, die sich immer weiter entfalten können. Als Eltern und Großeltern können wir nichts Wichtigeres tun, als die Weichen der Herzen unserer Kinder auf Jesus Christus zu stellen, so dass sie erkennen und erfahren, dass Jesus heute gegenwärtig ist und wirkt. Kinder sind offen für das Wunderbare. Dieses Weihnachtsbuch hilft, die Herzen mit Wahrheit zu füllen, Wahrheit über die Person Jesus Christus und die historischen Tatsachen rund um seine Geburt.

Gabriele Kuby
Autorin und Vortragsrednerin

Stille Nacht, heilige Nacht…

1

Weihnachten ist der Geburtstag von Jesus Christus, dem Sohn Gottes. Alle Versuche, diesem christlichen Festtag eine andere Bedeutung zu geben, können diese Tatsache nicht mehr aus der Welt schaffen.

Ohne Jesus Christus gibt es kein Weihnachten. Wie das Wort „Weihnachten" sagt, handelt es sich um eine ganz besondere, gesegnete (geweihte) Nacht, weil Jesus, der Sohn Gottes, in ihr geboren wurde. Er hat eine Bedeutung für alle Menschen. Deshalb beginnt unsere Zeitrechnung mit dem Geburtstag Jesu. Wir sprechen seitdem von der Zeit „vor Christus" und jener „nach Christus".

Sein Geburtsjahr ist der Wendepunkt in unserer Zeitrechnung. Mit seiner Geburt hat also eine neue Zeit begonnen. Das ist ungewöhnlich. Kein anderer Mensch kann sich dessen rühmen.

Jesus, der Sohn Gottes,
ist uns geboren!

Advent: Warten auf das Christkind

2

Es gibt auch keinen anderen Menschen, dessen Geburt schon Jahrhunderte zuvor von Propheten verkündet worden ist.

Nur von Jesus gibt es solche Prophezeiungen, von keinem anderen sonst. Weil Jesus der Sohn Gottes ist und der Erlöser der Welt, hat Gott selbst dafür gesorgt, dass Sein Kommen in diese Welt vorbereitet wurde. Das jüdische Volk hat auf ihn, den Messias, das heißt „Gesalbter", jahrhundertelang gewartet.

Wir gedenken dieser Zeit des Wartens im Advent. Advent heißt Ankunft. Die Zeit des Wartens auf den Messias dauerte Jahrhunderte. Wir warten im Gegensatz dazu auf den Geburtstag Jesu – auf Weihnachten – nur vier Wochen. Dafür stehen die vier Kerzen auf unserem Adventskranz, eine für jede der vier Wochen. Sie werden nach und nach entzündet, bis Weihnachten da ist.

3

Die Propheten bezeichneten die Ankunft des Erlösers als helles Licht. Auch Jesus bezeichnete sich selbst als das Licht der Welt.

Deshalb feiern wir Weihnachten mit einem Lichtermeer in unseren Städten. Jesus war ein Jude, weil seine Mutter Maria zum jüdischen Volk gehörte. Die Juden hatten Kontakte zu vielen anderen Völkern, denn sie lebten in allen großen Weltstädten, damals wie heute. So hatten auch die anderen Völker von der Verheißung der jüdischen Propheten gehört, dass für die Menschheit ein Erlöser kommen werde.

Wir finden also auch bei ihnen die Hoffnung auf einen Erlöser der Welt. So schreibt zum Beispiel ein sehr bekannter römischer Geschichtsschreiber namens Tacitus von dieser Erwartung der Völker des Ostens. Tacitus hat kurz nach Jesus gelebt. Sogar in den Jahrbüchern des großen chinesischen Kaiserreiches soll es Hinweise darauf geben.

Auch der berühmte griechische Dichter mit dem schwierigen Namen „Aischylos" schrieb 600 Jahre vor der Geburt Jesu davon, dass Gott selbst, auf dessen Haupt die Krone der Qualen gesetzt würde, uns erlösen wird (Jesus starb am Kreuz mit einer Dornenkrone). Bei den Propheten Israels gibt es viele Hinweise. Wir hören davon in der Advents- und Weihnachtszeit bei der Hl. Messe. Dort werden sie vorgelesen.

Der griechische Dichter Aischylos

4

Die Erinnerung an einen liebenswürdigen Bischof, nämlich den Heiligen Nikolaus, spielt in der Adventszeit für Kinderherzen eine große Rolle. Er war Bischof von Myra (das heutige Demre in der türkischen Provinz Antalya), überaus gütig und mildtätig, und wurde dermaßen beliebt, dass sein Gedenktag, der immer in die Adventszeit fällt, mit dem Brauch gefeiert wird, dass der Heilige Nikolaus die Kinder besucht.

In bischöflichen Gewändern und mit Hirtenstab kommt er zu den Familien, die ihn freudig erwarten. So haben die Kinder das Gefühl, ihm zu begegnen. Er bringt ihnen leckere Dinge, ermuntert sie zu guten Taten, und vielleicht gibt er ihnen auch einen Hinweis, sich von konkreten Fehlern zu bessern.

Der Heilige Nikolaus erinnert uns daran, dass Gott unsere Taten kennt. Jeder empfängt einmal von Gott seinen Lohn. Ein großes Vorbild dafür ist der historische Heilige Nikolaus, der um das Jahr 300 nach Christus gelebt und viele gute Taten vollbracht hat.

Leider erinnern die sogenannten Weihnachtsmänner nicht mehr wirklich an den Heiligen Nikolaus von Myra. Sie sind reine Phantasieprodukte und ähneln mehr den Zwergen aus dem Märchenland. Schlitten und Rentiere gehören auch dazu, haben aber nichts mit der wahren Weihnachtsgeschichte zu tun, mit dem Geburtstag Jesu, des Sohnes Gottes.

Mann der gute Taten:
der Heilige Nikolaus von Myra

5

Aber wie kam es zur Geburt Jesu Christi? Weil Jesus der Sohn Gottes ist und deshalb keinen irdischen Vater hat, sandte Gott den Engel Gabriel nach Nazareth zu einer Jungfrau namens Maria. Hören wir genau, was der Engel ihr sagte:

„Freue dich, du Begnadete, der Herr (Gott) ist mit dir!"

Maria erschrak über diesen Gruß, denn sie hielt sich für keine besonders bedeutende junge Frau in Israel. Und nun erfuhr sie aus dem Mund des Engels, dass sie durch ein wunderbares Wirken Gottes ein Kind empfangen wird. Deshalb hat Jesus keinen irdischen Vater. Auf die Frage, wie das sein kann, antwortete der Engel:

„Für Gott ist nichts unmöglich!"

Deshalb wird die Jungfrau Maria Muttergottes genannt, weil sie den Sohn Gottes empfangen und in Bethlehem geboren hat.

Der Heilige Erzengel Gabriel
verkündet Maria die frohe Botschaft

Joseph und Maria finden Jesus im Tempel wieder

6

Der Hl. Joseph war zwar der Verlobte Mariens, aber nicht der leibliche Vater Jesu. Als er nämlich diese Schwangerschaft bald darauf entdeckte und genau wusste, dass er nicht der Vater dieses Kindes im Schoß seiner Verlobten war, wollte er sie verlassen. Aber der Engel Gabriel klärte ihn auf und beruhigte ihn. Er sagte ihm, dass Gott selbst dieses Kind im Schoße seiner Verlobten gezeugt hat.

So nahm er Maria zu sich und blieb bis zu seinem Tod an ihrer Seite. Für Jesus war er wie ein Vater. Jesus war sich aber immer bewusst, dass Er von Gott stammte und Gott selbst Sein Vater war. Als Zwölfjähriger antwortete er seinen Eltern, die ihn verloren und mit Schmerzen drei Tage lang gesucht hatten und schließlich im Tempel von Jerusalem fanden:

„Wusstet Ihr nicht, dass ich in dem sein muss, was meinem Vater gehört?"

Damit drückt Jesus aus, dass Gott Sein Vater - und der Tempel sein wahres Zuhause ist.

7

Aber jetzt sind wir ein wenig vorausgeeilt. Das war wichtig, um festzuhalten, dass Jesus wirklich der Sohn Gottes ist und der Heilige Joseph nur sein Pflegevater war.

Der Engel sagte auch zu Maria, dass Jesus groß und der Sohn des Höchsten sein wird, und dass er in Ewigkeit herrschen wird. Der Name für das Kind, den der Engel nannte, war Jesus, was sinngemäß Erlöser beziehungsweise Retter bedeutet. Auch zum Heiligen Joseph sagte der Engel, dass Jesus uns von unseren Sünden erlösen wird.

Wir sind alle gemeint, denn Gott ist für uns alle in die Welt gekommen, und Jesus ist für alle Menschen gestorben. Das gibt Grund zum Feiern. Weihnachten ist deshalb auf der ganzen Welt ein großes Freudenfest, und sogar jene, die nicht an Jesus glauben, halten sich an diesen Festtag und feiern ihn mit ihren Familien.

8

Der Engel Gabriel informierte Maria darüber, dass auch ihre Verwandte Elisabeth ein Kind empfangen hatte, obwohl sie unfruchtbar war und darunter sehr gelitten hatte.

Kein Kind zu bekommen, galt damals als eine Schande. Nun hat Gott das Wunder gewirkt, dass Elisabeth schwanger wurde. Der Vater ihres Kindes war Priester am Tempel in Jerusalem.

Er hieß Zacharias. Er glaubte aber dem Engel nicht, der ihm die Geburt seines Sohnes angekündigt hatte, weshalb er bis zur Geburt des Kindes mit Stummheit bestraft wurde. Erst bei der Namensgebung für sein Kind, das Johannes heißen sollte, löste sich seine Zunge wieder und er pries Gott und sagte voraus, dass sein Kind Prophet des Höchsten sein werde, weil er dem Herrn (Jesus) vorangehen und ihm den Weg bereiten würde.

Der Engel erwiderte ihm: Ich bin Gabriel,
der vor Gott steht, und ich bin gesandt worden,
um mit dir zu reden und dir diese frohe
Botschaft zu bringen. Aber weil du meinen
Worten nicht geglaubt hast, die in Erfüllung
gehen, wenn die Zeit dafür da ist, sollst du
stumm sein und nicht mehr reden können bis
zu dem Tag, an dem all das eintrifft.

Lk 1, 19f

Zacharias und der Engel Gabriel
beim Räucheraltar im Tempel

9

Johannes war also mit Jesus verwandt. Er war nach den Worten Jesu der letzte und größte der Propheten des Alten Bundes. Er ging dem öffentlichen Auftritt Jesu voraus und bereitete so das Volk vor für die Ankunft des Erlösers, der sein Verwandter war.

Sie sind sich aber nur einmal begegnet, als erwachsene Männer. Jesus ging zu ihm an den Fluss Jordan, wo Johannes predigte, und ließ sich von ihm taufen. Johannes wusste ganz genau, wer Jesus war, und hatte deshalb Hemmungen, ihn zu taufen. Er fühlte sich dafür zu unwürdig. Danach sagte er über Jesus zu seinen Jüngern:

„Seht das Lamm Gottes, das hinwegnimmt die Sünden der Welt!"

Wir beten diese Worte bei jeder Heiligen Messe. Bei der Taufe Jesu sah Johannes den Heiligen Geist auf Jesus ruhen und er bezeugte, dass Jesus der Sohn Gottes war. Bei dieser Gelegenheit erscholl eine Stimme aus dem Himmel, die sprach:

„Du bist mein geliebter Sohn, an dem ich Wohlgefallen habe!"

Mehrere Male erscholl während des öffentlichen Wirkens Jesu diese Stimme Gottes vom Himmel, auch als Er kurz vor seinem Leiden mit Petrus, Jakobus und Johannes auf den Berg Tabor ging. Als Er betete, wurden seine Kleider blendend weiß und sein Antlitz leuchtete wie die Sonne. Moses und Elias erschienen und die Stimme Gottes rief aus der Wolke:

„Das ist mein geliebter Sohn. Auf Ihn sollt ihr hören!"

Viele haben diese Stimme gehört.

Jesus wird auf dem Berg Tabor verklärt

Elisabeth war also mit Johannes schwanger, als der Engel Gabriel Maria erschienen war. Der Engel Gabriel hat Maria darüber aufgeklärt. Deshalb machte sie sich gleich danach auf, um Elisabeth zu besuchen, sich mit ihr zu freuen und ihr bei der Geburt des Johannes zu helfen.

Auch sie selbst war ja nun mit Jesus schwanger im ersten Monat, Elisabeth stand schon im sechsten Schwangerschaftsmonat, so dass Maria bis zur Geburt des Johannes drei Monate lang bei ihr blieb. Elisabeth wurde erleuchtet und erkannte, - was sie natürlicherweise weder wissen noch sehen konnte -, dass Maria mit Jesus schwanger war. Deshalb sagte sie bei der Ankunft Marias zu ihr:

„Wie kommt es, dass die Mutter meines Herrn zu mir kommt?"

Sie wusste also, dass Maria mit dem Sohn Gottes, dem Messias, schwanger war, obwohl man die Schwangerschaft Marias äußerlich noch nicht sehen konnte. Deshalb nennt sie Maria die Mutter ihres HERRN. Und sie lobt den Glauben Marias:

„Selig, die du geglaubt hast, was der Herr dir sagen ließ!"

Im Gegensatz zu Zacharias hat Maria an den Worten des Engels Gabriel nicht gezweifelt. Der Engel Gabriel machte Zacharias wegen dessen Zweifeln einen sehr schweren Vorwurf.

Vom Kind Johannes aber sagte der Engel Gabriel, dass er schon im Mutterschoß mit Heiligem Geist erfüllt werden wird. In der Tat hüpfte Johannes im Schoß seiner Mutter Elisabeth vor Freude, als der Gruß der Gottesmutter Maria auch in seinen Ohren erklang.

Ab dem sechsten Monat können nämlich die Babys im Mutterschoß hören. Elisabeth spürte die Freude ihres Kindes in ihrem Leib und brach zusammen mit Maria in Jubel aus.

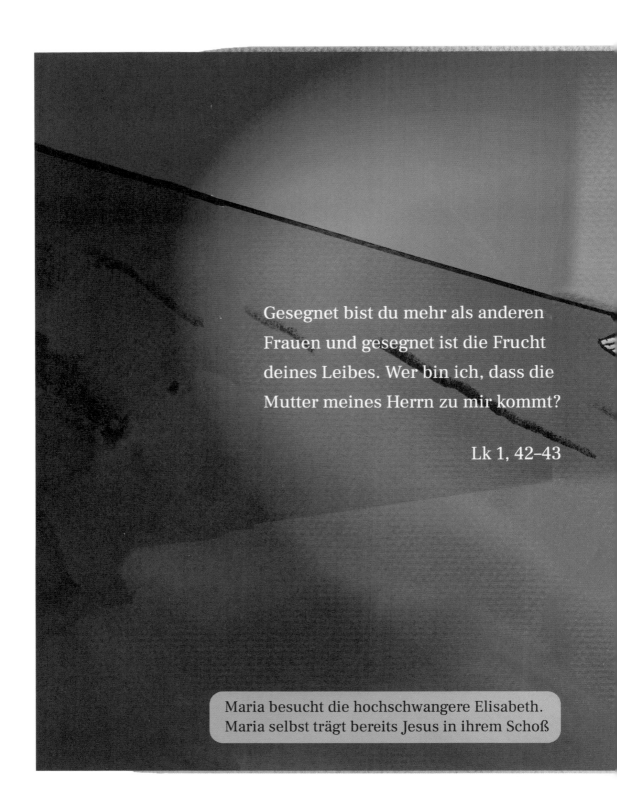

Gesegnet bist du mehr als anderen
Frauen und gesegnet ist die Frucht
deines Leibes. Wer bin ich, dass die
Mutter meines Herrn zu mir kommt?

Lk 1, 42–43

Maria besucht die hochschwangere Elisabeth.
Maria selbst trägt bereits Jesus in ihrem Schoß

11

Aber wo genau ist Jesus geboren, und wie hat sich das zugetragen? Da müssen wir ein wenig ausholen. Zur Zeit der Geburt Jesu herrschte der berühmte römische Kaiser Augustus über das römische Reich. In Rom können wir dessen Palastruinen immer noch besuchen und sehen. Zu Augustus' Reich gehörte auch das Heimatland Jesu, das heutige Israel.

Im Bund mit Augustus stand Herodes, der ein sehr grausamer, von Augustus abhängiger König war. Er hat sich mit großartigen Palästen und Festungen Denkmäler gesetzt. Deshalb hat man ihm den Beinamen „der Große" gegeben. Gegen Ende seiner Regierung erfasste ihn ein Verfolgungswahn.

Überall fürchtete Herodes Rivalen, die er aus dem Weg räumte und tötete. Wir kommen später noch darauf zu sprechen. Natürlich wollten die römischen Kaiser von ihren Untertanen Steuern einziehen, denn sie gaben für ihr Großreich viel Geld aus. Ihre Städte, Paläste, Kriegsflotten, Heere, Straßen und Kriege mussten finanziert werden. Dazu brauchten sie genaue Zahlen von ihren steuerpflichtigen Untertanen.

Deshalb fanden immer wieder Volkszählungen statt. Man musste sich in Steuerlisten eintragen, die im eigenen Heimatort erstellt wurden. Früher war das Heilige Land ein unabhängiges Königreich.

König Herodes herrscht über die römische Provinz Judäa

12

Zur Zeit Jesu lag das schon viele Jahrhunderte zurück. Aber die Juden erinnerten sich immer noch daran und sehnten sich danach, dass der Messias dieses Königreich wie zur Zeit des Königs David wieder neu errichten werde. David war der berühmteste und am meisten bewunderte König Israels. Er machte Jerusalem zur Hauptstadt seines Reiches. Sein Sohn war auch berühmt und hieß Salomon.

David hatte als junger, unerfahrener, aber mutiger Krieger den gefürchteten, kampferprobten und viel stärkeren Goliath bezwungen. Nicht mit dem Schwert besiegte er ihn, sondern mit einem Stein aus seiner Schleuder, der Goliath an der Stirn traf. König David stammte aus Bethlehem und hatte vom Propheten Nathan die Verheißung bekommen, dass aus seiner Nachkommenschaft der Messias hervorgehen werde. Maria und Joseph stammten aus dem Hause Davids. Die Heimatstadt Josephs war daher Bethlehem, der Geburtsort des Königs David.

Ungleicher Kampf zwischen David und Goliath

13

Aus diesem Grund musste Joseph mit seiner jungen, schwangeren Frau nach Bethlehem gehen und sich dort offiziell in die Steuerlisten eintragen lassen. Es kam viel Volk zusammen und alle Herbergen waren überfüllt. Joseph konnte keine Unterkunft für sich und seine Frau finden.

Maria war hochschwanger und die Geburt kündigte sich an. So mussten sie in einer Grotte Schutz suchen, die gleichzeitig den Hirten als Unterstand für ihre Tiere diente. Noch heute nutzen Hirten rund um Bethlehem solche Grotten als Unterstand.

Dort gebar Maria schließlich ihren göttlichen Sohn. Deshalb ist Jesus in Bethlehem geboren, der Stadt Davids, dessen Nachkomme er nach jüdischem Recht war. Auch in dieser Hinsicht ist Jesus also ein Königskind, nicht nur, weil Er der Sohn Gottes ist. Deshalb erwiesen ihm drei vornehme Magier aus dem Morgenland (dem heutigen Iran) königliche Ehren. Aber davon später.

14

So wurde Jesus in Bethlehem geboren wie der jüdische Prophet Micha es Jahrhunderte zuvor prophezeit hatte:

„Aber du, Bethlehem-Efrata, so klein unter den Städten Judas, aus dir wird Mir einer hervorgehen, der über Israel herrschen soll."

Der Sohn Gottes ist also arm, bescheiden und verborgen in die Welt gekommen, als Kind von einfachen Leuten aus einer untergegangenen, königlichen Dynastie. Schon als Baby im Schoß seiner Mutter fand er keine Herberge. Denn der Evangelist beklagt später in seinem Evangelium, dass Jesus in Sein Eigentum kam, die Seinen ihn aber nicht aufnahmen, ihn ablehnten und schließlich kreuzigten. Besonders tiefsinnige Theologen haben deshalb rückblickend einen Zusammenhang gesehen zwischen dem Holz der Futterkrippe, in welche Maria das neugeborene Baby legte, und dem Holz des Kreuzes, auf dem er einmal als erwachsener Mann für die Erlösung der Welt sterben würde.

In einer Grotte ist der Heiland zur Welt gekommen

15

Aber natürlich sollte diese Geburt nicht ganz verborgen bleiben. Schließlich kam der Sohn Gottes in die Welt. Seine Geburt geht uns alle an, weshalb wir sie ja auch jährlich feiern.

Gott sandte also seine Engel zu den Hirten, die bei ihren Herden auf den Feldern rund um Bethlehem waren. Dazu müsst ihr wissen, dass es in Israel im Dezember keinen Winter mit viel Schnee gibt. Ganz anders als bei Vielen von euch, wenn wir den Geburtstag Jesu feiern. Es war also vermutlich gar nicht so kalt, als die Hirten mit ihren Herden in der Nacht auf dem Feld waren. Allerdings wissen wir nicht mehr genau, wann Jesus geboren wurde. Das ist auch nicht so wichtig. Viel wichtiger ist, dass Er geboren wurde und sich damals bei Seinem Kommen in die Welt Außergewöhnliches ereignete.

Die Botschaft der Engel ist sehr wichtig für uns, um die große Bedeutung dieses Neugeborenen für die ganze Menschheit zu erkennen. Die Engel offenbaren nämlich im Auftrag Gottes genau das, was wir wissen müssen.

16

Der Evangelist Lukas beschreibt die Szene aufgrund von eigenen Nachforschungen bei den zu seiner Zeit noch lebenden Zeugen dieser Ereignisse:

„Da trat der Engel des Herrn zu ihnen (den Hirten auf dem Felde), und der Glanz des Herrn umstrahlte sie. Sie fürchteten sich sehr, der Engel aber sagte zu ihnen: Fürchtet Euch nicht, denn ich verkünde Euch eine große Freude, die dem ganzen Volk zuteilwerden soll. Heute ist Euch in der Stadt Davids der Retter geboren; er ist der Messias, der Herr. Und das soll Euch als Zeichen dienen: Ihr werdet ein Kind finden, das, in Windeln gewickelt, in einer Krippe liegt."

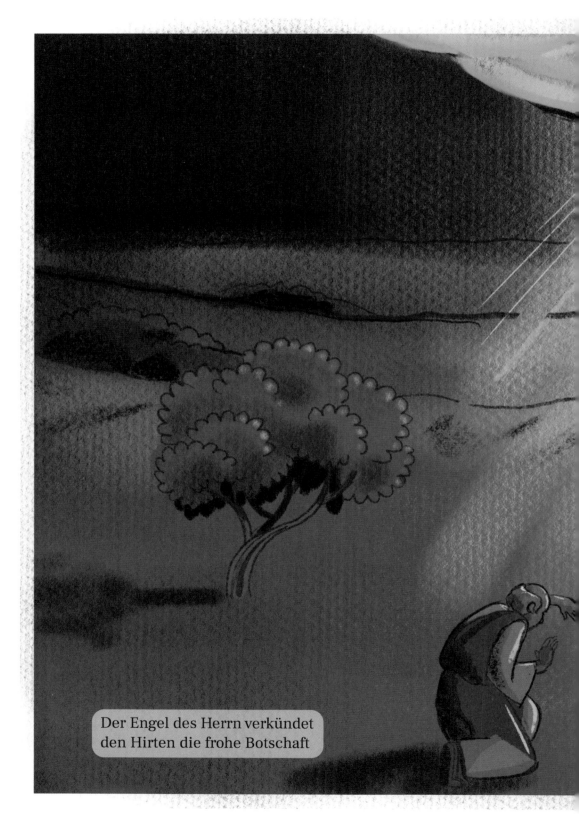

Der Engel des Herrn verkündet
den Hirten die frohe Botschaft

44

17

Nach diesen Worten erschien den Hirten ein ganzes himmlisches Heer von Engeln und ihr Glanz umstrahlte sie. Sie lobten Gott und riefen:

„Verherrlicht ist Gott in der Höhe, und auf Erden ist Frieden bei den Menschen Seiner Gnade."

Gnade bedeutet Erbarmen und Wohlgefallen Gottes. Die Hirten machten sich nach dieser himmlischen Ankündigung sofort freudig auf und eilten in die Stadt Davids, eben Bethlehem. Sie fanden Maria und Joseph und das Kind, das in der Krippe lag, wie der Engel es ihnen verkündet hatte. Die Freude war riesig. Alle priesen Gott und kehrten erst dann wieder zu ihren Herden zurück.

Ein himmlisches Heer von Engeln erscheint

18

Aber es gab noch anderen, hohen Besuch im Stall von Bethlehem. Seit Monaten waren drei Sterndeuter bzw. Weise aus dem Morgenland (also, wo die Sonne aufgeht) unterwegs zum königlichen Kind. Sie kamen aus dem heutigen Iran, damals Persien genannt.

Sie waren sehr vornehme Menschen und brachten entsprechend der königlich-göttlichen Würde des Kindes sehr reiche, kostbare Geschenke für Jesus mit, den sie für den neugeborenen König der Juden hielten: Gold, Weihrauch und Myrrhe. Das ist eine längere und faszinierende Geschichte, an die heute die Kinder, die als Sternsinger von Haus zu Haus gehen, immer noch erinnern. Vielleicht seid auch Ihr Sternsinger? Auf jeden Fall kennt ihr den Brauch. Wie kam es dazu? Ich erzähle es euch!

Die Sternsinger bringen
Gottes Segen von Haus zu Haus

19

Der Evangelist Matthäus berichtet, dass der neugeborene Jesus Besuch von drei „Magi" (Magier) aus dem Morgenland bekam. Der Name hat nichts mit Magie zu tun, sondern so hieß seit Jahrhunderten ein Stamm der Meder im Westen des heutigen Iran. Die Magi bzw. Magier bildeten die Priesterklasse dieses westiranischen Volkes.

Astronomie und Sternenkult hatten eine große Bedeutung in der Kultur der Meder. Ein Zeitgenosse Jesu, ein Historiker mit Namen Josephus Flavius, erzählt, dass die persischen Magier sorgfältige Beobachter der Natur waren. Ein griechischer, sehr berühmter Mathematiker namens Pythagoras, wurde aus Ägypten dorthin verschleppt und von den Magiern in ihrem erstaunlichen Wissen ausgebildet.

Die Bibel berichtet im Zweiten Buch der Könige, wie die Assyrer Israeliten aus dem Norden in die Städte der Meder verschleppten. So kam es, dass der berühmte jüdische Prophet Daniel zum Hofstaat des großen Perserkönigs Darius gehörte, der im Sommer im heutigen Hamadan residierte. Die jüdische Königin Esther gründete dort eine jüdische Kolonie, die bei den Medern hoch angesehen war. Dort ist auch bis auf den heutigen Tag das Grab der Königin Esther.

Meder waren auch beim Pfingstwunder der Apostel, das die Apostelgeschichte berichtet, zugegen. Die Meder hatten ein weitreichendes astronomisches Wissen. Durch den Kontakt mit den Juden übernahmen sie von ihnen die Erwartung eines Messiaskönigs.

Die drei Weisen bzw. Magier, die also zur Priesterklasse gehörten und später als Könige angesehen wurden, weil sie so vornehm waren und dem Sohn Gottes so reiche Geschenke brachten, kamen also aus diesem Winkel der Welt im Westen von Persien, dem heutigen Iran. Sie fragten Herodes in Jerusalem nach einer langen, achtwöchigen Reise:

„Wo ist der neugeborene König der Juden? Wir haben seinen Stern aufgehen sehen und sind gekommen, um ihm zu huldigen" (Mt 2,2).

Wie man heute vermutet, sahen sie eine Verbindung der Planeten Saturn und Jupiter im Zeichen der Fische am Abendhimmel.

Die drei Magi (Magier) folgen dem hellen Doppelstern

Der Fisch wurde später das geheime Zeichen der Christen. Schreibt man Fisch auf Griechisch, ergeben nämlich die fünf Buchstaben des Wortes „Fisch" die Anfangsbuchstaben des Bekenntnisses „Jesus Christus, Gottes Sohn, Retter". Diese Planetenkonstellation war im Geburtsjahr Jesu seit dem 15. September, als die drei Magier aufbrachen, sichtbar. Als sie von Jerusalem nach Bethlehem ritten, sahen sie die beiden Planeten direkt vor ihren Augen, wie der Evangelist Matthäus schreibt:

„Als sie den Stern sahen, wurden sie von sehr großer Freude erfüllt."

Die beiden Planeten bildeten mit ihrem zusammenfließenden Licht einen Doppelstern. In jener Zeit war auch von Mitte März bis Ende Mai eine Supernova am Himmel zu beobachten, die außergewöhnlich hell leuchtete. Auch im Judentum galt ein aufstrahlender Stern als Vorbote des Messias. Das können wir im biblischen Buch Numeri nachlesen.

Da Jupiter im Verständnis der Magier der Stern des höchs-

Ein wunderschöner Sternenhimmel begleitet die drei Magi

ten Himmelsgottes war und Saturn der Stern des jüdischen Volkes, bedeutete das für sie, dass im Judenland ein Weltenherrscher geboren wurde, dessen Stern sie aufgehen sahen.

Die drei Weisen (Magier) bei König Herodes, der Böses plant.

Deshalb machten sie sich auf, ihn zu suchen und ihm zu huldigen. Schließlich waren ihnen die jüdischen Messiaserwartungen seit langem vertraut. Als die drei Magier in Jerusalem bei Herodes vorstellig wurden, um sich nach dem neugeborenen König der Juden zu erkundigen, aber nicht wie abgemacht zu ihm zurückkehrten, wurde Herodes sehr zornig. Nachdem er vor kurzem erst seine beiden Söhne hatte umbringen lassen, ordnete er den Kindermord von Bethlehem an.

„Er ließ in Bethlehem und der ganzen Umgebung alle Knaben bis zum Alter von zwei Jahren töten, genau der Zeit entsprechend, die er von den Sterndeutern erfahren hatte." (Mt 2,16).

Ihnen hatte er nämlich heuchlerisch gesagt, sie sollten ihm berichten, sobald sie den neugeborenen Messias gefunden hätten, damit auch er komme, um ihm zu huldigen. In Wirklichkeit aber wollte er den vermeintlichen, neuen Thronanwärter gleich töten, was die drei Weisen aus dem Morgenland aufgrund eines Traums durchschauten. Sie kehrten deshalb nicht zu Herodes zurück, nachdem sie Jesus gefunden und gehuldigt hatten, sondern nahmen einen anderen Weg in ihre Heimat Persien. Daraufhin hatte Herodes den Kindermord angeordnet.

21

In Jerusalem hatten also die Magier von den Schriftgelehr-
ten die Prophezeiung aus dem Buch Micha erfahren, dass
der Messias in Bethlehem geboren würde. Wir haben sie bereits weiter oben zitiert.

Deshalb machten sie sich auf nach Bethlehem und fanden
dort tatsächlich Maria und Joseph mit dem neugeborenen
göttlichen Kind. Ihm erwiesen sie königliche Ehren. Sie
brachten ihm Gold, Weihrauch und Myrrhe dar. Gold kommt
Jesus als Messias-König zu, Weihrauch als Gott (Sohn Gottes)
und Myrrhe als Mensch, der leiden, sterben und ins Grab ge-
legt werden wird.

Ein Engel aber hatte Joseph im Traum gewarnt, dass Herodes nach dem Leben des Kindes trachte. Er gab ihm den Be-
fehl, sofort aufzubrechen und mit Mutter und Kind nach
Ägypten zu fliehen und dort zu bleiben, bis zu dem Tag, da er
ihn zur Rückkehr ins Heilige Land auffordern würde. Das tat
Joseph noch in derselben Nacht.

So entkam Jesus dem Kindermord. Herodes starb wenige

Die drei Magier bringen dem Kind
Gold, Weihrauch und Myrrhe dar

Die Heilige Familie auf der Flucht

Jahre später unter furchtbaren Qualen. Für Jesus kam erst dreißig Jahre später die Stunde, da er sein Leben hingeben sollte. Er sagte kurz davor:

„Niemand entreißt mir mein Leben. Ich gebe es freiwillig hin. Ich habe Macht, es hinzugeben, und ich habe Macht, es wieder zu nehmen. Diesen Auftrag habe ich von meinem Vater (im Himmel) empfangen."

Die Zeit zu sterben war also noch nicht gekommen. Aber Jesus wusste immer, dass er für die Erlösung der Welt sterben würde. Er sagte auch:

„Niemand hat eine größere Liebe, als wer sein Leben hingibt für seine Freunde!"

Genau das hat er getan. Er ist der gute Hirte, der sein Leben hingibt für seine Schafe und sie nicht von den Wölfen reißen lässt. Das hat er mehrmals beteuert. Sein Tod ist nicht Schicksal, sondern Auftrag. Er bedeutet den Sieg der Liebe über das Böse, die Vergebung der Sünden und die Versöhnung der Welt mit Gott, dem Vater, durch Jesus, den Sohn Gottes.

22

Jesus wurde schon als Baby von Maria und Joseph in den Tempel von Jerusalem getragen, um ihn dort Gott zu weihen. Das blieb zwei Propheten nicht verborgen, die sich gerade zu jener Zeit im Tempel aufhielten. Sie wurden von Gott über dieses göttliche Kind erleuchtet, traten hinzu und prophezeiten über sein zukünftiges Leben verborgene Dinge.

Genau genommen waren es ein Prophet namens Simeon und eine Prophetin namens Hanna. Simeon wusste aufgrund einer Erleuchtung durch Gott, dass er nicht sterben würde, ehe er den Messias des Herrn gesehen habe. Nun trat er hinzu und pries Gott dafür, dass er den Messias, das Licht der Welt, den Retter aller Menschen, in den Armen halten und danach in Frieden sterben durfte. Er prophezeite, dass Jesus zum Teil abgelehnt werden wird und dass Er für viele ein Stein des Anstoßes, ja sogar ein Ärgernis sein würde, viele aber durch Ihn aufgerichtet und getröstet würden, weil sie in Ihm Gott finden.

Zu dieser Gruppe der Eltern Jesu und des Neugeborenen in den Armen des greisen Simeon trat nun Hanna hinzu, die als

Simeon hält Jesus in seinen Armen

Hanna verkündet wunderbare Dinge über das Kind

junge Frau ihren Mann verloren hatte und sich seitdem immer wieder im Tempel aufhielt und ein Leben der Buße und des Gebetes führte. Auch sie wurde über das neugeborene göttliche Kind erleuchtet, das soeben in den Tempel getragen wurde, um es Gott zu schenken.

Auch Hanna verkündete wunderbare, verborgene Dinge über dieses Kind, die aber im Evangelium nicht überliefert sind. Zur Mutter Jesu aber hatte der Prophet Simeon bei dieser Gelegenheit gesagt, dass einmal, nämlich beim Tod Jesu am Kreuz, ein Schwert des Schmerzes durch ihre Seele dringen wird. Maria bewahrte all das in ihrem Herzen, bis es schließlich wahr wurde.

Wir feiern dieses Ereignis mit einem eigenen Fest, das uns daran erinnert, dass Jesus das Licht der Welt ist, und dass auch wir aus uns selbst ein Geschenk an Gott machen sollen, das Gott wohlgefällt. Dieses Fest heißt Mariä Lichtmess bzw. Darstellung des HERRN im Tempel. Es wird am 2. Februar gefeiert.

23

Nach Jahren des Lebens in Ägypten wegen der Bedrohung des göttlichen Kindes durch Herodes kehrten Joseph und Maria aufgrund des Geheißes des Engels ins Heilige Land Israel zurück. Sie ließen sich in Nazareth nieder, wo Jesus dann aufgewachsen ist, wie der Prophet Hosea verkündet hatte:

„Aus Ägypten habe ich Meinen Sohn gerufen!"

Und eine andere Prophetie, die der Evangelist Matthäus zitiert, lautet:

„Er wird Nazarener genannt werden."

Nazareth war ein unbedeutendes Dorf. Es wurde erst durch Jesus weltbekannt. Deshalb sagte einer der ersten Apostel Jesu, Nathanael, in seiner ersten Reaktion:

„Kann aus Nazareth etwas Gutes kommen?"

Und ob! Dass aus Nazareth nicht nur etwas Gutes, sondern

der Sohn Gottes selbst kommen sollte, merkte Nathanael dann schnell, als er Jesus persönlich kennenlernte. In Nazareth also wuchs der Sohn Gottes ganz bescheiden und verborgen auf. Wie der Evangelist Lukas schreibt:

„Er nahm zu an Alter, Gnade und Weisheit."

Das wünsche ich auch dir, lieber Leser der wahren Weihnachtsgeschichte: dass du groß wirst, in der Liebe zu Gott wächst und dass das Wohlgefallen Gottes, Sein Segen und Seine Gnade immer auf dir ruhen mögen!

Jesus beschützt die Kinder

24

Das alles haben die Evangelisten aufgeschrieben, damit auch wir an Jesus glauben, und dass wir durch den Glauben an Ihn zu Gott finden und das Ewige Leben erlangen im Himmel. Dort werden wir glücklich sein und seine Herrlichkeit sehen, die Herrlichkeit des einzigen Sohnes Gottes.

Er hat als Mensch, geboren von Maria der Jungfrau, mitten unter uns gelebt. Weil sie den Sohn Gottes geboren hat, nennen wir Maria „Gottesgebärerin". Jesus ist für uns gestorben, um uns von unseren Sünden zu erlösen und mit Gott, dem Vater, zu versöhnen, wie der Prophet viele Jahrhunderte vor der Geburt Jesu Christi geschrieben hat:

„Durch seine Wunden werden wir geheilt", nämlich von unseren Sünden und Fehlern.

Ein berühmter Dichter, der Angelus Silesius hieß – Angelus heißt Engel und ist lateinisch –, hat gesagt, Jesus wäre in Bethlehem umsonst geboren worden, wenn Er nicht heute durch den Glauben an Ihn in dein Herz hineingeboren würde. Mit anderen Worten: Dein Herz ist das wahre kleine Bethlehem, in welchem Jesus leben möchte. Der ehemalige spanische Fußballer Juan Carlos Valerón sagte einmal in einem Interview:

„Ich habe verstanden, dass man glücklich nur dann ist, wenn man Gott im Herzen hat!".

An Weihnachten steht also viel auf dem Spiel: dein ganzes Glück und dein ewiges Leben!

Das Heilige Evangelium

25

EHRE SEI GOTT IN DER HÖHE
UND FRIEDEN AUF ERDEN DEN MENSCHEN,
AUF DENEN SEINE GNADE RUHT!

Ebenfalls von Bischof Marian bei uns erschienen:

MEINE HEILIGE
ERSTKOMMUNION

"Kommt alle
zu mir!"

DAS GROSSE
GEHEIMNIS DER **EUCHARISTIE**
LIEBEVOLL UND KINDGERECHT ERKLÄRT

BISCHOF
MARIAN ELEGANTI

Heute nehr
entgegen u
woanders.

Es ist nicht
Liebe empf
so tun, als
empfanger
Aber viele
sie tun.

Das hat sc
gesagt, als
wurde: VA
sie wissen

Ihr denkt vielleicht: Es gibt so viele Menschen. In jeder Kirche haben mindestens zweihundert Personen Platz. Kann JESUS bei jedem sein und zu jedem ganz persönlich kommen?

Burgen

Weitere Bücher aus
unserem Verlagsprogramm:

Printed in Poland
by Amazon Fulfillment
Poland Sp. z o.o., Wrocław
26 November 2023

2e557fbd-d3c9-4eb7-99e9-9168258930f4R01